페이퍼 커팅 아트

# 피어나다
두 번째

최향미

페이퍼 커팅 아트

# 피어나다
두 번 째

최향미

**여는 글**

# 종이에 계절을 담아보세요

지난가을 첫번째 책인 《피어나다》를 준비하면서 '페이퍼 커팅 아트'를 처음 만나는 분이 많을 걸로 생각했기 때문에 너무 복잡하고 어렵게 그리면 흥미를 잃으실까 조심스럽게 풀어낸 그림을 많이 담았습니다. 하지만 막상 많은 분들이 기대보다 훨씬 더 예쁘고 재미있게 함께해주셔서 정말 놀랐습니다. 그래서 《피어나다 두번째》는 좀더 용기를 내어 그렸습니다. 따뜻한 계절을 맞이하는 기분으로 풍성한 꽃들을 그리고 이전에는 없었던 텍스트를 넣어 색다른 재미를 더했어요. 독자 여러분이 얼마나 즐겁게 만들어나갈지 믿고 있기 때문에 완성되었을 때의 예쁜 모습, 그것에만 집중해서 그렸습니다. '잘못 자르면 어쩌지' '완성하지 못하면 어쩌나' '더 쉬운 것부터 해볼까' 하고 걱정하지 마세요. 한번 시작하면 금세 칼끝에서 꽃을 피워내는 자신을 만나게 될 겁니다. 이번에도 신나게 함께해주신다면 세번째 책에서는 또 다른 도전을 할 수 있을 것 같습니다.

《피어나다 두번째》의 페이지 하나하나가 매 순간 아름다운 계절을 담은 창이 되었으면, 고마운 사람에게 전하는 편지가 되었으면, 그리고 오리는 시간과 그 기억을 품은 그림이 되기를 바랍니다.

최향미

## 준비물

### 고무 매트

잡지나 신문 같은 것에 대고 자를 수도 있지만, 페이퍼 커팅 아트는 섬세한 칼질을 많이 해야 하므로 고무 매트가 꼭 필요합니다. 딱딱한 것보다 부드러운 것이 좋고 여러 차례 사용하면 칼자국이 남아 자를 때 방해가 될 수 있으니 주기적으로 교체해주는 것이 좋습니다.

### 칼

칼은 손에 쥐기 편한 것을 선택하면 됩니다. 문구용 칼을 사용해도 좋고 펜 모양의 아트 나이프를 사용할 수도 있습니다. 칼보다 중요한 것은 칼날의 각도입니다. 일반적인 칼날보다 날카로운 30도 칼날을 끼우면 선이 잘 보여 자르기에 수월합니다.

### 마스킹 테이프

섬세하게 오린 부분은 고무 매트와 바닥 사이에 끼거나 손에 밀려 찢길 위험이 높습니다. 이런 부분에 접착력이 약한 마스킹 테이프를 붙여두면 오리는 도중 찢기는 일이 줄어듭니다. 마스킹 테이프는 그림을 다 오린 후 떼어내면 됩니다.

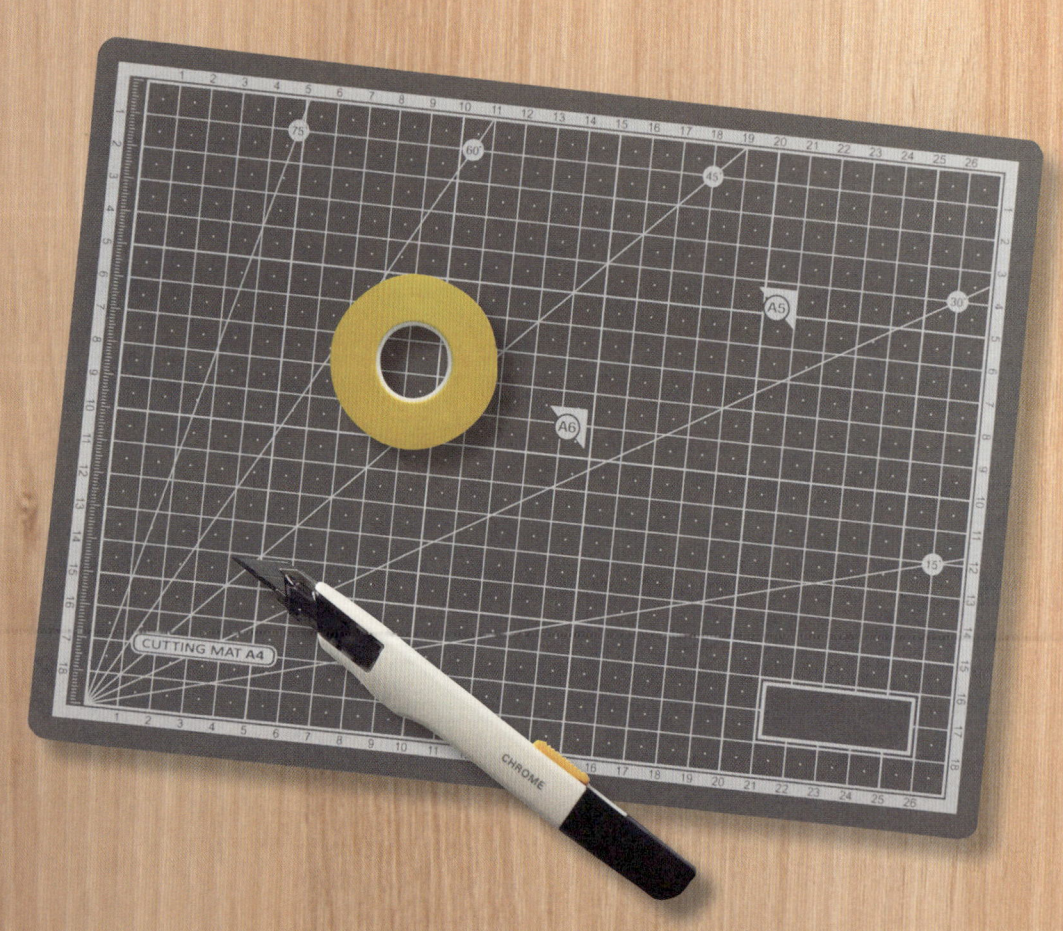

## 완성하는 방법

1. 마음에 드는 그림을 골라 책에서 잘라냅니다. 이때 매트를 그림 아래에 대고 자르면 수월해요. 이번 책에는 글자가 들어가 있으니 저는 75쪽 그림을 오려보겠습니다.

2. 매트 위에 그림을 올리고 칼을 가볍게 잡습니다. 손에 힘을 주고 꾹 눌러 오리면 매트도 함께 잘리기 때문에 손이 금세 아플 수 있습니다.
   **Tip.** 칼날은 약간만 빼서 쓰는 게 안전하고 힘이 잘 들어가니 너무 빼고 쓰지 마세요.

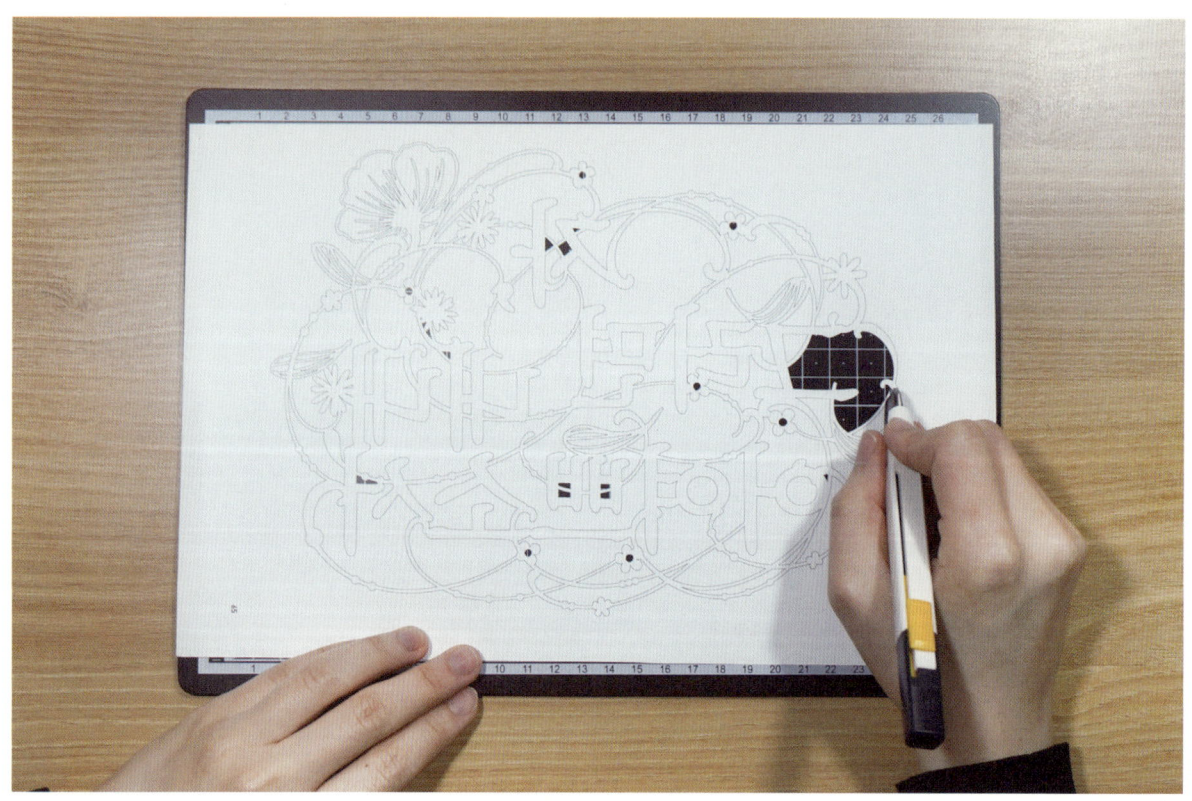

3. 작은 면을 먼저 큰 면을 나중에 자르는 것이 좋습니다. 큰 면을 먼저 자르면 얇은 부분만 남아서 찢길 위험이 높아져요.

4. 제일 어려워하시는 둥근 부분은 종이를 한 방향으로 돌려가며 조금씩 잘라주면 됩니다.
   **Tip.** 종이를 돌리기 전 매트와 바닥 사이에 껴서 찢길 것 같은 부분에 마스킹 테이프를 붙여두면 좋아요.

5. 안쪽을 모두 오려냈으면 그림의 테두리를 따라 그리듯 오립니다. 바로 그림을 떼어내면 찢길 수 있으므로 가장 튀어나온 부분을 기준으로 동서남북 칼집을 내서 떼어냅니다. 그림에 따라 칼집을 더 많이 내도 됩니다.

6. 다 오려낸 종이를 뒤집으면 작품이 완성됩니다. 예쁘게 활용하세요.

자,
그러면 내게
어여뻤소서

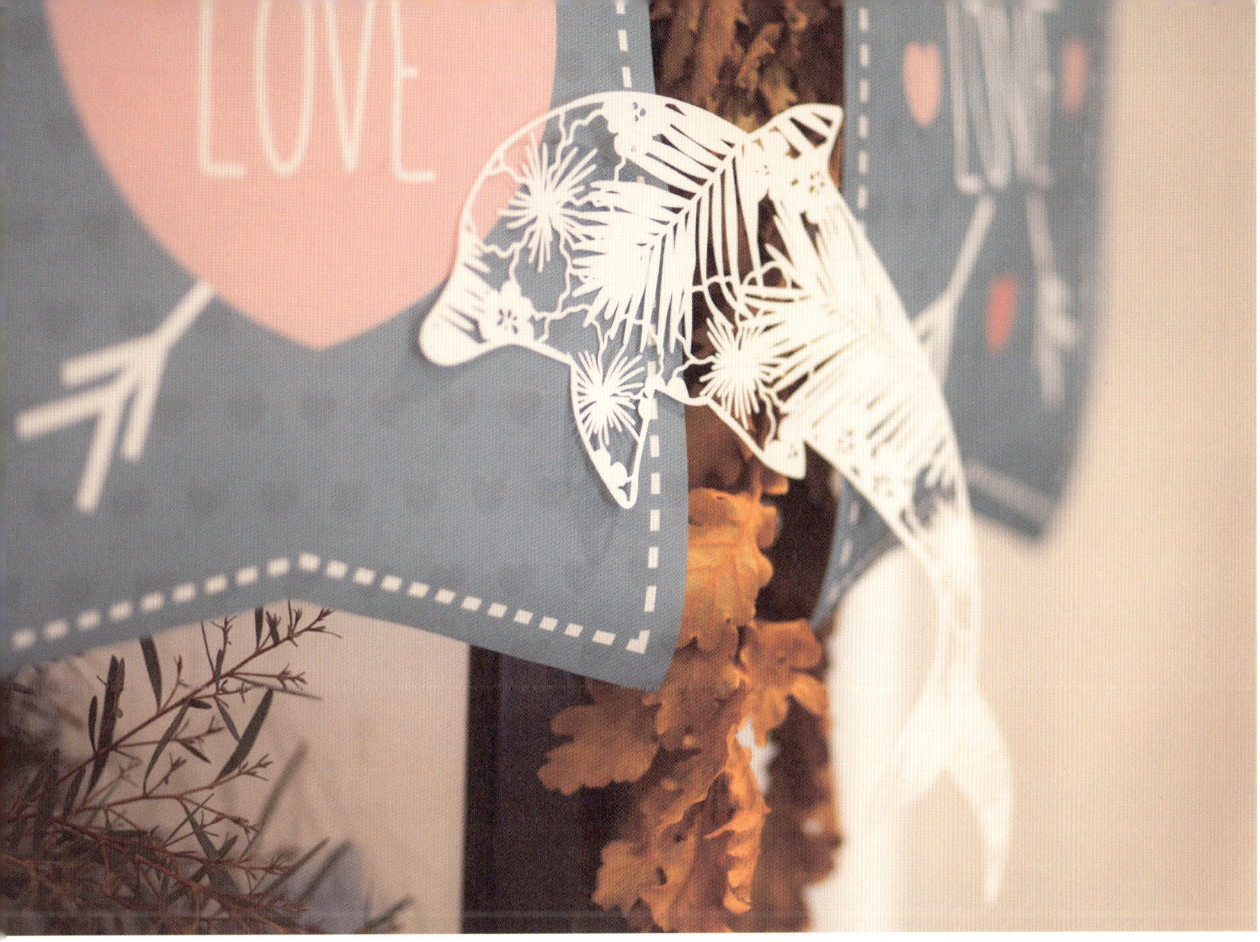
LOVE

그립다
말을 할까
하니 그리워
그냥 갈까
그래도
다시 더 한번

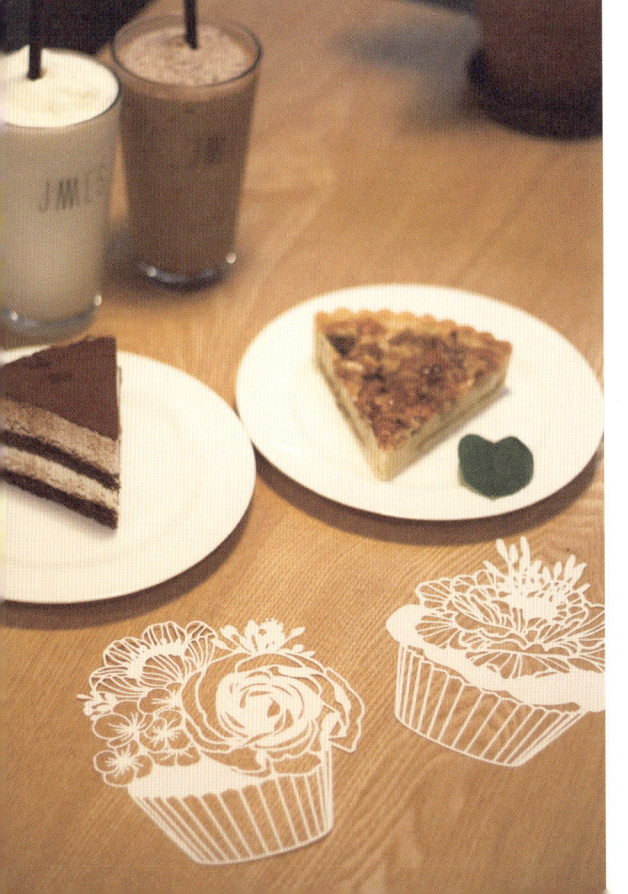

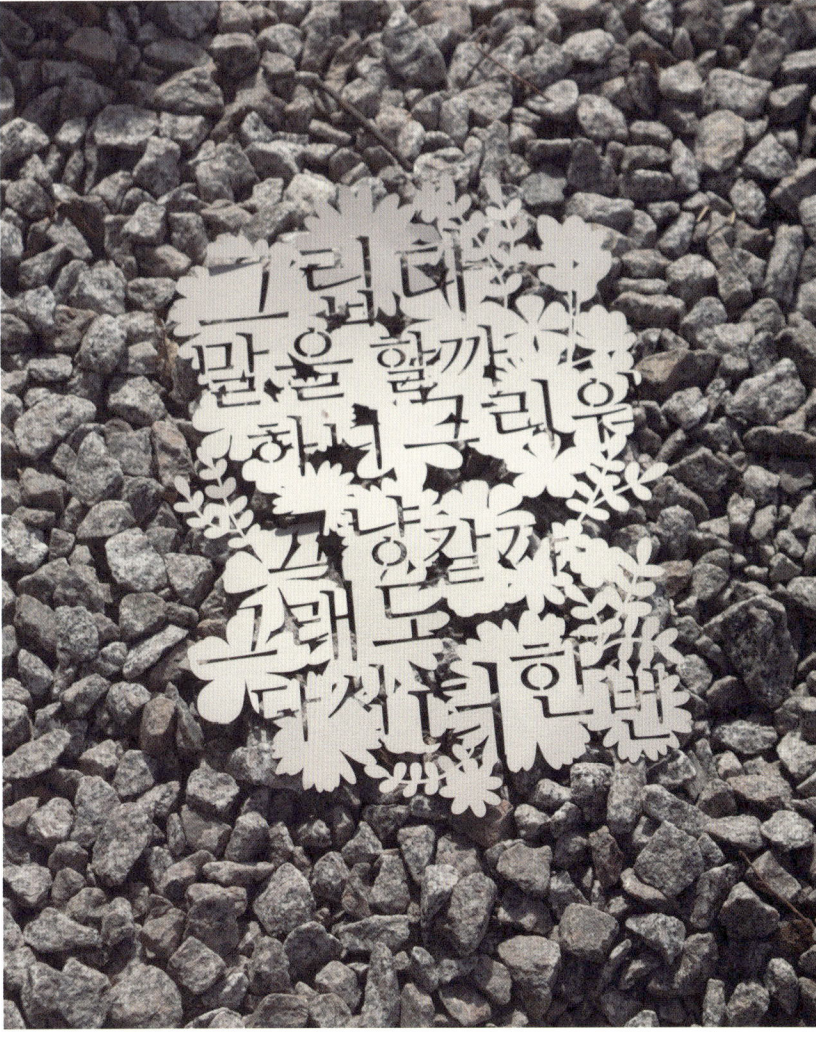

**일러두기**

각 도안은 반전되어 있어서 모두 자른 후에 뒤집으면 완성입니다.
완성된 모습은 121쪽에서 확인할 수 있습니다.

자르는 선

* 가장 바깥 테두리를 먼저 자르세요. 헷갈리면 121쪽 완성된 모습을 확인하고 시작하면 됩니다.

자르는 선

자르는 선

자르는 선

Dream

Lucky

HOPE

LOVE

* 김소월 〈먼 후일〉

자르는 선

자르는 선

55

자르는 선

61

자르는 선

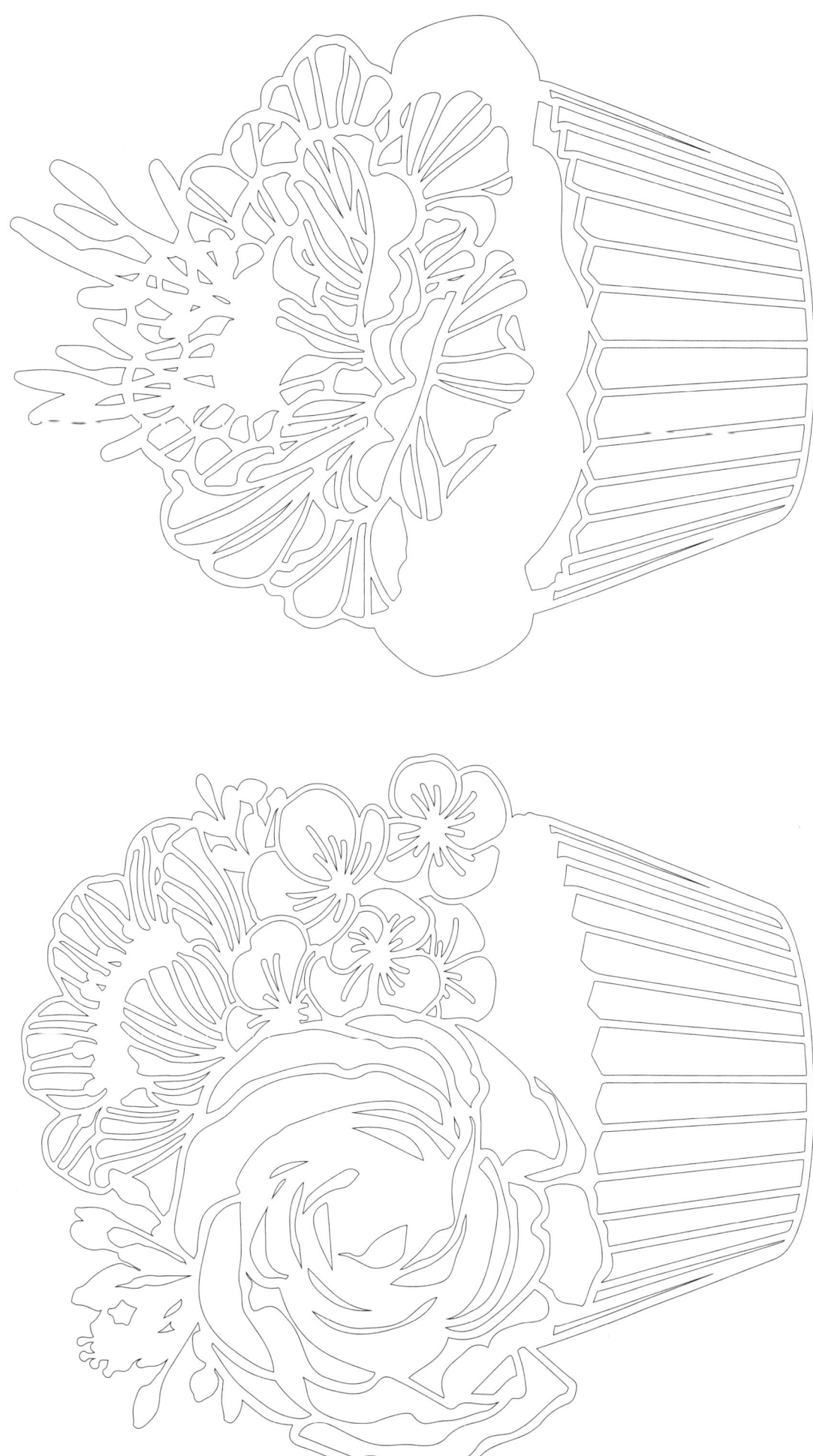

자르는 선

자르는 선

67

자르는 선

69

* 이상 〈이런 시〉

자르는 선

자르는 선

자르는 선

91

자르는 선

93

자르는 선

자르는 선

자르는 선

* 김소월 〈가는 길〉

자르는 선

자르는 선

*11쪽에서 완성된 모습을 확인하세요.

자르는 선

* 가장 바깥 테두리를 먼저 자르세요. 헷갈리면 127쪽 완성된 모습을 확인하고 시작하면 됩니다.

완성된 모습

17쪽

19쪽

21쪽

23쪽

25쪽

27쪽

29쪽

31쪽

33쪽

35쪽

37쪽

39쪽

41쪽

43쪽

45쪽

47쪽

49쪽

51쪽

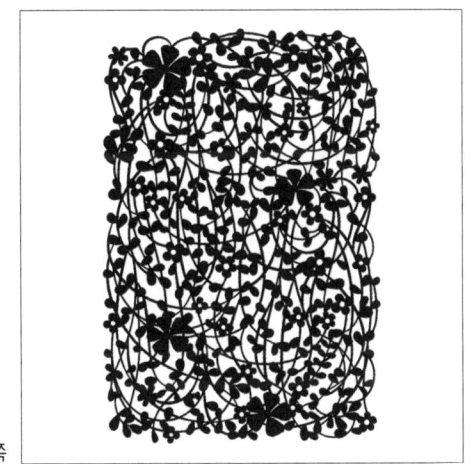
53쪽

55쪽

57쪽

59쪽

61쪽

63쪽

65쪽

67쪽

69쪽

71쪽

73쪽

75쪽

77쪽

79쪽

81쪽

83쪽

85쪽

87쪽

89쪽

91쪽

93쪽

95쪽

97쪽

99쪽

101쪽

103쪽

105쪽

107쪽

109쪽

111쪽

113쪽

115쪽

117쪽

119쪽

## 최향미  http://nangmaner.net

페이퍼 커팅 아티스트.
산업디자인을 전공했으며, 졸업 후 본격적으로 작품 활동을 시작하였습니다.
LG생활건강 수려한과 아트 컬래버레이션 패키지를 발매했고,
〈싱글즈 웨딩〉〈라이프 스타일 매거진 메종〉의 화보 촬영에 참여했으며,
SBS 신년 채널 광고와 현대카드 패션위크 온라인 광고에도 작품을 선보였습니다.
2015년에는 국내 최초로 책을 오려 작품을 만드는 《페이퍼 커팅 아트 피어나다》를 출간하여
많은 독자에게 사랑을 받으면서 페이퍼 커팅 아트라는 장르를 하나의 취미로 자리 잡게 하였습니다.
낭만적인 시간을 살고 싶고, 그렇게 살면서 만든 작품이 많은 사람을 행복하게 해주기를 바랍니다.

페이퍼 커팅 아트
## 피어나다 두번째

1판1쇄 펴냄 2016년 4월 11일
1판12쇄 펴냄 2023년 9월 25일

**지은이** 최향미
**펴낸이** 김경태 | **편집** 홍경화 남슬기 한홍비
**디자인** 박정영 김재현 | **마케팅** 유진선 강주영 | **제작관리** 곽라흔 | **사진** 한승일
**장소 제공** 제임스 플라워카페 (서울시 서대문구 연희로26가길 15 장영빌딩 1층)
**펴낸곳** (주)출판사 클
출판등록 2012년 1월 5일 제311-2012-02호
주소 03385 서울시 은평구 연서로26길 25-6
전화 070-4176-4680 | 팩스 02-354-4680 | 이메일 bookkl@bookkl.com
**ISBN** 979-11-85502-33-5  13630

이 책은 저작권법에 의해 보호를 받는 저작물이므로 무단 전재 및 무단 복제를 금합니다.
잘못된 책은 바꾸어드립니다.

출판사 클의 책을
만나보세요.